Deutschland

Klassische Reiseziele

Bayreuth

Stadt der Festspiele

Norbert Ely

Atlantis

Herausgegeben von
Paul Otto Schulz

Printed in Italy, New Interlito S.p.A., Trezzano
ISBN 3-88199-875-6

Die Festspielstadt im Zentrum Europas

Kein Zweifel: Diese Stadt liegt in Mitteleuropa. Wie anders wollte man die Koordinaten des oberfränkischen Bayreuth beschreiben? Am Rande Deutschlands, weitab von dessen Zentren, gelten andere Ortungssysteme als die nationalen, lassen sich andere Verbindungen ziehen als nur die zur Landeshauptstadt München oder zur Mainmetropole Frankfurt, die, immerhin am gleichen Fluß wuchernd, mit der Skyline ihrer Bankenburgen den Restbestand des Heiligen Römischen Reiches Deutscher Nation imaginär überragt und auf den international gängigen Begriff jener Deutschmark bringt, die als das wahre Rheingold des ausgehenden zwanzigsten Jahrhunderts die Götterdämmerung so manch anderer Werte befördert.

Nein, von Bayreuth lassen sich Verbindungslinien auch anderwärts ziehen. Nach Dresden beispielsweise, zur alten Kulturmetropole Sachsens, die seit Jahrhunderten eines der wichtigsten Zentren europäischer Musik darstellt - abgesehen davon, daß man vor knapp einhundertfünfzig Jahren im Gefolge einer mißratenen Revolution den amtierenden Generalmusikdirektor Richard Wagner aus der Stadt vertrieb und anschließend steckbrieflich suchte. Oder nach Prag, wo es eine der ältesten europäischen Universitäten gibt und sich wieder und wieder die Literatur einnistet, wie auch immer die jeweiligen politischen Verhältnisse sein mögen. Oder auch nach Salzburg, wo der Dichter Hugo von Hofmannsthal, der Komponist Richard Strauß und der Theaterprinzipal Max Reinhardt vor etlichen Jahrzehnten Festspiele gründeten, die im wesentlichen als eine Variante zum Bayreuther Wagner-Festival gedacht waren. Vielleicht auch Verbindungen nach Wien, zur Stadt Glucks und Mozarts, oder nach Budapest, wohin sie Wagners Schwiegervater Franz Liszt überführt haben, nachdem er zuerst in Bayreuth bestattet lag. Oder vielleicht sogar nach Mailand und Sant'Agata, wo die Erinnerung an Giuseppe Verdi den *genius loci* präformiert. Wie auch immer: Bayreuth liegt ohne Zweifel im Herzen Mitteleuropas. Und nur im Winter, wenn fast nichts mehr an die sommerlichen Aktivitäten rund um die berühmtesten Festspiele Europas erinnert, kann man auf die Idee kommen, lediglich am Rande einer deutschen Provinz angelangt zu sein und in einer Umgebung, in der Eisenbahngeleise Einbahnstraßen zu sein scheinen.

Ganz richtig: Es gibt einen Bahnhof hier. Er liegt etwas außerhalb der barocken Altstadt. Wer hier eintrifft und nicht gerade aus der näheren Umgebung ist, der tut dies, um anzukommen und möglichst bald die paar hundert Meter nordwärts zu gehen und schließlich hügelan zum Festspielhaus hinauf, das die Stadt weithin sichtbar überragt. Erst wenn er wieder fortwill, merkt er, daß diese Stadt doch reichlich abseits der großen europäischen Verkehrswege liegt. In südlicher Richtung, nach Nürnberg hin, erwartet den Abreisenden immerhin eine durchaus romantisch zu nennende Strecke durchs Tal der Pegnitz, wo ein Blick durchs Abteilfenster lohnt. Viel wird sich nicht geändert haben seit der Zeit, in der auch die Familie Wagner diesen Weg nahm, wenn sie dem selbstgewählten Exil einmal zu entkommen suchte.

Heute ist man vielleicht besser daran, wenn man die Autobahn wählt. Sie schnürt direkt an der Stadt vorüber und verbindet Berlin mit München, führt in der einen Richtung an Nürnberg vorbei, in der anderen an Leipzig - die letztere Strecke strapaziert freilich noch auf eine Weise, die an die Zeit der Postkutsche erinnert. Noch schneller geht es mit dem Flugzeug: Bayreuth verfügt über einen Airport. Die Linienmaschinen, die hier verkehren und die Festspielstadt mit Frankfurt am Main verbinden, lassen freilich das Fliegen zum Erlebnis werden. Eng beieinander sitzt man in schmaler, niedriger Kabine und lauscht dem Tosen der Propeller.

Bayreuth ist vor allem eine theatralische Stadt. In der Geschichte hat die Stadt so gut wie keine Rolle gespielt, es sei denn, man ist Militärhistoriker und kapriziert sich auf das preußische Regiment Ansbach-Bayreuth, das in friderizianischer Zeit einigen Ruhm genoß. Aber sonst? So manches ist ein bißchen zu groß dimensioniert für eine Provinzstadt diesen Zuschnitts, ein wenig zu weit gegriffen in der Konzeption. Der Gestus einer eigentümlichen Art von Übertreibung tritt immer wieder hervor, und diese Gebärde des Höhenfluges steht in seltsamem Kontrast zur Banalität der Ökonomie oder gar zur politischen Bedeutungslosigkeit.

Mit Wagner zum Weltruhm

Dieser Widerspruch hat keineswegs ausschließlich mit dem Mann zu tun, der Bayreuth den Weltruhm einbrachte, mit Richard Wagner. Es ist ein durchgängiger Zug in der Geschichte der letzten zweieinhalb Jahrhunderte, und man darf durchaus die Vermutung anstellen, daß Wagner nicht zuletzt deshalb nach Bayreuth ging, weil ihn das theatralische Moment der Übertreibung an dieser Stadt fesselte.

Jede Beschreibung der Stadt muß daher ihren Ausgang bei scheinbar peripheren Phänomenen nehmen. Wo sich weder eine bedeutende Residenz noch ein wichtiger Hafenplatz, weder die Besonderheiten eines Handelsortes noch eine spezifische Manufaktur oder Industrie als Zentrum von Definitionen anbieten, bleibt nur der Weg über das eher Abwegige. Warum also nicht mit den Gräbern beginnen?

Passend wäre es da, ließe sich irgendwo das Grab Max Stirners finden; doch dieser Begründer eines radikalen philosophischen Egoismus ist unpassenderweise nicht in seiner Geburtsstadt Bayreuth gestorben, sondern ziemlich arm und anonym in Berlin, und es läßt sich mit einigem Recht behaupten, daß, hätte er Bayreuth zum Ort seines Hinscheidens gewählt, er heute zweifellos einen höheren Grad an Bekanntheit genösse. So erinnert nur eine Tafel an seinem angeblichen Geburtshaus - das alte Haus ist längst einem Neubau gewichen - an diesen konsequenten Anarchisten des Ego und des Eigennutzes. Sein Hauptwerk, »Der Einzige und sein Eigentum«, fristet nur noch in philosophischen Enzyklopädien eine Randexistenz, obwohl der Weg von Stirner zu Nietzsche kürzer ist als die Akademiker wahrhaben wollen.

Bleibt also doch wieder nur das Grab Richard Wagners. Womit wir beim Thema wären, und zwar in doppeltem Sinn, denn Bayreuth hat auch etwas von einer Nekropole. Wagner ruht nicht auf dem erstaunlichen Friedhof, der an der Straße nach Donndorf liegt und mit seinen familiären Mausoleen schon an südliche Totenkulte gemahnt. Wagner ruht mitten in der Stadt. Das Grab zu finden ist schwer und leicht zugleich. Schwer, weil es keineswegs zum Zeugnis des Heroenkults taugt: kein hochragender Bau, keine imponierende Stele, kein prominenter Platz. Einigermaßen leicht zu finden ist es, wenn man sich ihm von »Villa Wahnfried« aus nähert, dem italianisierenden Wohnhaus Wagners am Hofgarten, heute »Richard-Wagner-Museum mit Nationalarchiv der Richard-Wagner-Stiftung Bayreuth Haus Wahnfried«, Richard-Wagner-Straße 48.

»Hier, wo mein Wähnen Frieden fand«, ließ der Sechziger eine Inschrift anbringen, als er 1874 den römisch-teutonischen Bau bezog. Ums Haus rum und ein paar Schritte ins Grüne - dann steht man vor dem Ort, an dem Wagner und seine Frau den letzten Frieden gefunden haben. Der emphatischere Weg jedoch ist der

Richard Wagner, der geniale Tondichter und Gründer der Bayreuther Festspiele, mit seiner Frau Cosima (geborene Liszt, geschiedene von Bülow) und dem Sohn Siegfried; 1873 in Bayreuth aufgenommen.

aus entgegengesetzter Richtung, vom Park des Neuen Schloßes her. Es ist dies ein Weg entlang den Gedanken des Dichterkomponisten. Der Park mit seiner ungemein phantasiereichen, idyllischen Anlage, dem Dunkel seiner Gewässer und den lichtbrechenden Laubdächern der schönen Bäume klingt wie ein lyrischer Reflex auf das Waldweben im *Siegfried*. Artefakt und Natur sind in eins - eines der Grundthemen Wagners. Wenn man vom Schloß kommt und auf der linken Parkseite entlangschlendert, geht's irgendwo, kaum bemerkbar, seitwärts durch die Büsche. Und wenn dann aus der immergrünen Umfriedung die Rückfront Wahnfrieds auftaucht mit der Außenseite der Bibliothek, dann steht man auch schon vor der durchaus eindrucksvollen, aber keinesfalls übertriebenen Grabplatte. Und entdeckt auch nach ein paar Schritten eine Kuriosität: das Grab von Wagners Hund Rus, der angeblich immer noch wacht. Dafür gibt es in Bayreuth eine imposante Parallele: Die Markgräfin Wilhelmine, von der noch die Rede sein wird, ließ im Park von Schloß Eremitage ihrem Lieblingshund Folichon ein Grabmal aus ruinöser korinthischer Architektur errichten. Folichon muß, gemessen an Wagners Rus, ein wahrer Hektor gewesen sein.

Jean Paul: Abgott der Tondichter

Richard Wagners Grab zwischen Hofgarten und Wahnfried, so bescheiden es sich trotz des gelegentlichen Blumenschmucks ausmacht, gemahnt an eine weitere letzte Ruhestätte in der Stadt. Die nun freilich findet sich, ebenfalls verborgen, auf dem besagten Friedhof und fällt aus dem Rahmen wie der Kerl, der darunter liegt. Jean Paul Friedrich Richter (1763-1825), als Jean Paul einer der größten Prosaisten der deutschen Literatur, hat sich hier unter einem riesigen Findling gebettet, einem Stein, der gut und gern eine Kapitelüberschrift in einem seiner vertrackten, ausschweifenden Romane hätte abgeben können. Jean Paul war der Abgott der romantischen deutschen Komponisten. Mendelssohn nahm die *Flegeljahre*, den Schlüsselroman der Romantik, mit auf die Schottlandreise, wo er und sein Freund Klingemann wie Walt und Vult durchs Hochland zogen. Robert Schumann ist ohne Jean Paul nicht denkbar, Johannes Brahms trat begeistert der Bruderschaft der Paulisten bei, Gustav Mahler nannte seine Erste Symphonie nach Jean Pauls Roman *Der Titan*, und Richard Wagner kannte ihn in- und auswendig - wer will, kann in Jean Pauls Erziehungsroman *Die unsichtbare Loge* das Szenario des Waldwebens aus dem *Siegfried* mit einer Genauigkeit beschrieben finden, die bestürzt. Oft zitiert wird jene Ahnung des Dichters, daß da einmal einer kommen werde wie Wagner, der Musik und Dichtkunst in sich vereine. Ach ja: War Wagners schriftstellernder Onkel Adolf, dem der literaturbesessene Pennäler Richard so unendlich viel verdankte, nicht weitläufig mit einem gewissen Jean Paul Friedrich Richter in Bayreuth bekannt gewesen?

Wagner, der Meister der Anspielung, hat sich seine Grabstätte wohl überlegt. Unsterblichkeit hing für ihn von anderen Dingen ab als von Denk- und Grabmälern, und in seiner wie Jean Pauls Ruhestatt spiegelt sich ein letztes, endgültiges »Zurück zur Natur«.

Römische Klarheit zeichnet jenes Haus hinter dem Grab aus, wo Wagners »Wähnen Frieden fand«. Wer Bayreuth von innen her begreifen will, sollte zuerst das Richard-Wagner-Museum betreten - übrigens befindet sich das Jean-Paul-Museum in unmittelbarer Nähe. Die Villa Wahnfried ist Bayreuth *in nuce*. Und schon in seiner äußeren Erscheinung birgt es mehr vom Wagner'schen Geist, als man zunächst vermutet. Hätte man doch vermuten können, der Bayreuther Meister würde eine germanische Trutzburg vorgezogen haben, ein Neuschwanstein *en miniature*, irgendwo zwischen Walhall und Montsalwatsch angesiedelt. Nichts dergleichen: Hier ist alles von romanischer *clarté*. Der Mann war unzweifelhaft ein Humanist und womöglich gar kein Barde.

Wo Wagners Wähnen Frieden fand

Richard Wagner hat sich den Bau dieses Hauses angelegen sein lassen. Schon über zwei Jahrzehnte zuvor, als er in der Nähe von Zürich kurte, betrieb er erste Eigenheim-Studien: »Außer der Wasserei besteht meine Beschäftigung darin, daß ich mir auf dem Papier - mit Zirkel und Lineal - ein Haus baue.« Als sich später die Pläne verdichteten, sich in Bayreuth niederzulassen, hegte Wagner die Hoffnung, der bayerische König werde ihm vielleicht einen Pavillon des Schlosses überlassen, womit freilich nicht zu rechnen war. Wahnfried hat er dann im wesentlichen selbst entworfen. Und in der Tat sind die Proportionen so ausgewogen wie die Architektur des Wagner'schen Oeuvres, und spätestens wenn man die Bibliothek mit der Rotunde zum Garten hin betreten und die gewaltigen Bücherbestände mit philosophischer und germanistischer Literatur besehen hat, begreift man, daß dieser Meister des Klangrauschs in Wahrheit ein Intellektueller gewesen sein muß, der seinen Träumen und Alpträumen unter schwersten Mühen, Nöten und Krankheiten Gestalt und Form abgewonnen hat.

Wahnfried ist zweifellos auch ein Kuriosum, ein Kitschkabinett vom Feinsten. Gewiß: Die Bibliothek, die Konzertflügel - darunter ein wundervoller Härtel'scher mit deutscher Mechanik - strahlen Noblesse aus. Die pompejanischen Farben der Innenwände geben dem Ganzen klassizistische Wucht. Da waren zweifellos Fachleute am Werk: Für die architektonische Detailplanung zeichnete der Berliner Modearchitekt Wilhelm Neumann verantwortlich, für das Interieur von Saal und Halle der Münchner Bildhauer Lorenz Gedon. Aber dieser unsägliche Nibelungen-Zyklus - eine Kopie aus der Münchner Residenz -, das von Wagners Gattin entworfene keltische Flechtwerk-Ornament, die posenreichen Bilder an den Wänden und der Plunder der Festspieljahrzehnte, der hier getreu bewahrt wird - das alles entbehrt nicht der Komik. Noch die Fotos der Stars zeugen von einer verrutschten Ästhetik, der man sich möglichst nicht unvoreingenommen nähern sollte, sonst bleibt einem nichts als schallendes Gelächter. Wahnfried ist, obwohl Nationalstiftung und als solche Ort ernstester Forschung, gleichzeitig ein Kuriositätenkabinett ohnegleichen. Wer Bayreuth begreifen will, sollte seine Expedition hier beginnen lassen. Denn so wie an diesem ganzen Ort steht auch in der Villa Wahnfried das Bewegende neben dem Grotesken. Kein Zweifel: Wagners Wohnstatt ist ein Kulturdenkmal, aber alles andere als eine kunsthistorische Kostbarkeit.

Beginnen wir mit dem Sgraffito an der Außenwand über dem Eingang. Hier war von Wagner ursprünglich eine Sonnenuhr vorgesehen; der Plan mußte aufgegeben werden, denn die Wand zeigte schon beim Einzug der Familie ungerührt nach Norden, was der spezifischen Funktionsweise einer Sonnenuhr entgegen war. Also wurde nach dem Einzug in Wahnfried das Sgraffito angebracht, übrigens nach einem Entwurf von Wagners Frau Cosima. Auf dem Bild, das Robert Krausse ausführte, geht es laut Wagner um »das Kunstwerk der Zukunft«. In der Mitte steht - Standbein, Spielbein - der germanische Mythos mit unverkennbaren Zügen des Wagner-Sängers Ludwig Schnorr. Der germanische Mythos trägt Schlapphut, und auch die beiden Raben zeigen deutlich, daß es sich hier um Wotan handelt. Von links schaut die antike Tragödie zu ihm auf - sie trägt die Züge der Sängerin Wilhelmine Schröder-Devrient -, von rechts blickt hold die Musik in Gestalt von Cosima Wagner, und schließlich ist noch Wagners kleiner Sohn Siegfried mit von der Partie, Vater des heutigen Festspielleiters Wolfgang Wagner, damals noch im zarten Alter eines germanischen Putto.

Mit diesem unvergeßlichen Eindruck betritt man das Museum und begibt sich nach der obligatorischen Visite an der Kasse am besten gleich in den Kohlenkeller. Dort sowie im Heizungs- und im Weinkeller sind nämlich seit dem Wiederaufbau der 1945 zerstörten Villa und nach dem Umbau 1976 hochinteressante Bühnenbildmodelle untergebracht. In der ehemaligen Küche befindet sich das Handschriftenarchiv.

Im Parterre laden nicht nur Halle und Bibliothek zum Verweilen ein - hier wurde mustergültig rekonstruiert -, sondern auch ein Tonstudio im ehemaligen Gästezimmer sowie die jeweils aktuelle Sonderausstellung im einstigen Eßzimmer der Wagners. Im Zwischengeschoß, das einst der Hygiene der Familie sowie dem Ankleiden diente, befinden sich kurzgefaßte Übersichten über wichtige Phasen der Wagner'schen Biographie sowie eine Ausstellung über das Bayreuth der Wagner-Enkel Wieland und Wolfgang seit 1951. Im Obergeschoß, in dem die Familie schlief und der Hausherr sein Arbeitszimmer hatte, geht es um weitere Schaffensperioden Wagners, um die Festspiele unter Winifred Wagner, wobei die Zeit der herzlichen Verbundenheit der Familie mit dem Reichskanzler Hitler mit sehr viel Diskretion behandelt wird, und um Inszenierungen ab 1972. Besieht man jene Exponate, die ein wenig verschlüsselt

Gruppenbild vor der Villa Wahnfried: Blandine von Bülow, Heinrich von Stein, Cosima und Richard Wagner, Paul von Joukowsky, auf den unteren Stufen Isolde und Daniela von Bülow, Eva und Siegfried Wagner; 1882.

auf das gewisse Einverständnis der einstigen Festspielleiterin Winifred Wagner mit der nationalsozialistischen Politik hinweisen, ein bißchen genauer, so kann man zu dem Schluß kommen, daß die Fliegerbombe, die im Frühjahr 1945 Villa Wahnfried gewissermaßen halbierte, nicht völlig ungezielt vom Himmel kam. Berühmt ist das Foto des amerikanischen Soldaten, der an Wagners Flügel sitzt und seinen Helm auf den Deckel des Instruments gelegt hat. Wieland Wagner bewohnte das Haus bis zu seinem Tod 1966. 1973 gingen Villa und Park in den Besitz der Stadt über; 1976 wurde zur Hundertjahrfeier der Bayreuther Festspiele das Museum im aufwendig rekonstruierten Gebäude eröffnet und ist seitdem einer der wichtigsten Orte der internationalen Wagner-Forschung.

Das Neue Schloß: ein kleines Versailles

Von Wahnfried aus führt der Weg direkt nordwärts durch die Stadt am Bahnhof vorbei zum Festspielhaus. Doch kann man den Museumsbesuch auf jenes Neue Schloß ausdehnen, zu dessen Areal das Villengrundstück Wagners einmal gehört hatte.

Das Neue Schloß gehört nicht nur zum theatralischen Bayreuth, sondern auch zum alljährlichen Theater der Festspiele: Im prunkvollen Palmensaal gibt der jeweilige bayerische Ministerpräsident seine Empfänge. Der Bau zeugt davon, daß nicht nur Richard Wagner Neigung hatte, sich gelegentlich zu übernehmen; auch die Bayreuther Markgrafen waren für eine gelinde Hochstapelei anfällig. 1753 wurde von Markgraf Friedrich (reg. 1735-1763) der französische Architekt Joseph Saint-Pierre mit dem Neubau beauftragt, nachdem das Alte Schloß im Stadtkern teilweise abgebrannt war. Saint-Pierre schuf ein kleines Versailles mit Musiksaal, Jagdkabinett, japanischem Zimmer und erlesenem Mobiliar, in dem sich auch die anspruchsvolle Markgräfin Wilhelmine, Lieblingsschwester des preußischen Königs Friedrich II., einigermaßen hat wohlfühlen dürfen. Vor dem Schloß reitet ein etwas älterer Markgraf namens Christian Ernst über einem Brunnen und läßt sich als Sieger über die Türken feiern. Meister Elias Räntz, der den Brunnen schuf, läßt den Ruhm des Christian Ernst nicht nur bis zu den vier Flüssen des Fichtelgebirges dringen, sondern auch in alle vier Erdteile – mit Allegorien war man damals leicht zur Hand.

Hat man das Neue Schloß gesehen, sollte man das Alte Schloß wenigstens eines kurzen Blickes würdigen. Es ist in Jahrhunderten entstanden; die endgültige Form schufen die Barockbaumeister Michael Mebart und Charles Philippe Dieussart unter der Herrschaft des Markgrafen Christian Ernst, des Türkensiegers. Der achteckige Turm kann zu Pferd bestiegen werden. Die Wendeltreppe wurde so breit angelegt, daß man im Kriegsfall auch Kanonen nach oben transportieren konnte. Die Schloßkirche wurde nach dem Brand von 1753 ebenfalls von Saint-Pierre von Grund auf neu erbaut.

Markgräfin Wilhelmines Opernhaus

Von der Schloßkirche sind es nur einige wenige Schritte hinab zu jenem eigentümlichen Bau, der im Grunde das auslösende Moment dafür darstellte, daß sich Richard Wagner überhaupt ernsthaft für Bayreuth zu interessieren begann. Hinter einer schmucken, aber keinesfalls übertriebenen Fassade inmitten der Häuserzeile der Opernstraße verbirgt sich die damals größte Bühne Deutschlands – nicht das größte Theater, beileibe nicht, aber das größte Bühnenhaus: vierunddreißig Meter tief. Als Wagners Pläne, in München von Gottfried Semper mit königlicher Hilfe ein gigantisches Festspielhaus errichten zu lassen, endgültig scheiterten, schien ihm dieses Markgräfliche Opernhaus im abgeschiedenen, weltverlassenen Bayreuth kurze Zeit die einzige Alternative. Allerdings zeigte sich bald, daß auch diese gigantische Barockbühne seinen Anforderungen nicht genügte.

Das Markgräfliche Opernhaus verdankt seine Entstehung der kunstbesessenen Markgräfin

Wilhelmine von Bayreuth, einer preußischen Prinzessin, die eigentlich an den englischen Hof hatte heiraten sollen und dann, als sie diesen dynastischen Plänen energisch widerstrebte, vom Berliner Hof nach Bayreuth abgeschoben wurde. Wilhelmine war eine ältere Schwester von Friedrich II. und dessen wirkliche Vertraute. Beider Briefwechsel vor allem aus den Jahren, in denen Friedrich als Kronprinz in der Verbannung auf Schloß Rheinsberg saß, gibt beredten Aufschluß über die Gedanken und Gefühle dieser beiden hochbegabten Menschen.

Wilhelmine schrieb ein Französisch von hohem literarischem Anspruch, komponierte zweifellos besser als ihr flötenspielender Bruder - ihre für den eigenen Bedarf geschriebenen Cembalokonzerte stehen durchaus auf der Höhe der Zeit - und verschwendete das karge Ansbach-Bayreuther Volkseinkommen für die phantastischsten Bauten und Projekte. 1743 hatte sie Besuch von Voltaire erhalten; ein Stück von ihm schrieb sie eigenhändig ab. Sie war schlicht theaterbesessen - auch an ihren Landsitzen Eremitage und Sans-Pareil ließ sie Stücke aufführen. 1744-48 erbaute Saint-Pierre auf ihre Veranlassung hin das Markgräfliche Opernhaus, und die beiden italienischen Theaterbaumeister Giuseppe und Carlo Gallo-Bibiena schufen ein Interieur, das unzweifelhaft zu den Kostbarkeiten barocker Theaterarchitektur zählt.

Das Opernhaus an sich ist schon eine Aufführung: ein Logenbau mit erlesener Akustik, geschaffen für jenes flackernde Kerzenlicht, in dem der tausendfache Zierat, all die Muscheln, Genien und allegorischen Figuren, zu tanzen beginnen und das Auge schier betäubt wird vom Ineins zwischen Bühne und Auditorium. In der Tat wäre dieses Haus für das Wagner'sche Musikdrama so ungeeignet gewesen wie kaum ein anderer Theaterbau Europas; Konzentration auf das gesungene Wort will hier schier unmöglich scheinen. Heute wird das Markgräfliche Opernhaus nur noch selten im ursprünglichen Sinn benutzt; als eindrucksvoll erwies sich in den 1980er Jahren eine Aufführung von Grauns Oper *Montezuma*, zu der Friedrich II. das Libretto geschrieben hatte - da schloß sich einmal der Kreis.

Vom Markgräflichen Opernhaus also sollte man nun doch eigentlich stracks zum Festspielhaus voranschreiten. Oder vielleicht einen aufschlußreichen Umweg nehmen? Das Theater der Stadt auf sich wirken lassen, bis man sich dem berühmtesten Theater dieser Stadt nähert? Man könnte zusehen, wie man durch ein paar verwinkelte Gassen ostwärts auf die Wieland-Wagner-Straße kommt, und dann, weiterhin ostwärts, deren Verlängerung, die Königsallee nehmen. Diese Allee, die früher ihren Namen wirklich verdiente, heute freilich eine reichlich trostlose Ausfallstraße geworden ist, wurde schon 1743 angelegt.

Der junge Preußenkönig Friedrich II. besuchte damals Bayreuth, und irgendwie empfand Schwester Wilhelmine das Bedürfnis, ihm eine besondere Ehrung zuteil werden zu lassen. Die junge Sonne, wie Friedrich damals in Europa genannt wurde, erhielt eine rechtwinklig gekrümmte Bahn zu Füßen gelegt, Richtung Eremitage.

Stippvisite in der Rollwenzelei

Dort, wo die Königsallee abknickt, sollte der heutige Besucher freilich seinen Schritt verhalten. Da liegt ein alter Fuhrmannsgasthof, die Rollwenzelei. Und hier war es, wo die Wirtin Dorothea Rollwenzel für den Dichter Jean Paul im ersten Stock ein Zimmer bereit hielt. Etliches von dem, was er in Bayreuth aufs Papier gesponnen, ist hier entstanden. Oder auch auf der

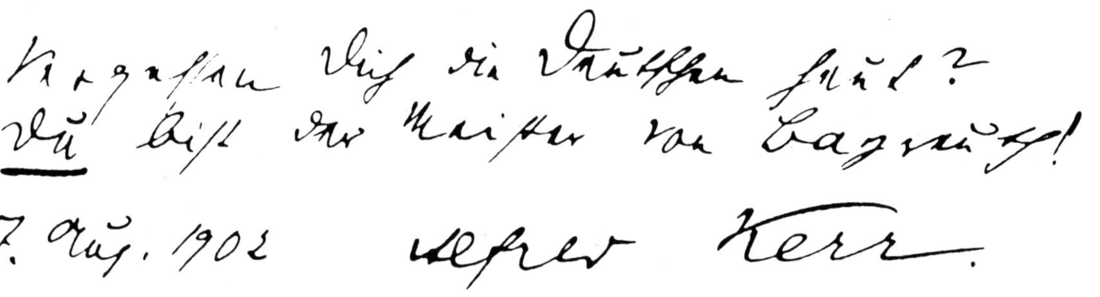

»Vergessen dich die Deutschen heut? Du bist der Meister von Bayreuth!« - Du, Jean Paul, und nicht Richard Wagner ... Der zweizeilige Hymnus findet sich im Gästebuch des historischen Wirtshauses »Rollwenzelei«, in dem der Dichter - ein Abgott der romantischen Komponisten - einzukehren und zu arbeiten pflegte. Verfasser ist der gefürchtete Kritiker Alfred Kerr.

Wiese vor der Rollwenzelei, wohin er sich an schönen Tagen, bewaffnet mit einigen Flaschen fränkischen Weins oder auch versorgt mit etlichen Humpen guten Bayreuther Biers, zurückzog, seine kauzigen, reflexionsschweren, ironieleichten, zitatenreichen Phantasien niederschrieb und seinen Zettelkasten nach dem Bildungsgut der späten Aufklärung plünderte, den Herrnhuter Katechismus, die Kantische wie die Leibniz-Wolffische Philosophie, die gebräuchlichen musikalischen Lexika und die französischen Enzyklopädien durcheinander wirbelnd. Heute braust an der Südflanke des soliden Hauses der Verkehr vorüber - damals war's, abgesehen von einigen fluchenden Kutschern und verfluchten Gäulen, beschaulich ruhig in der und um die Rollwenzelei. Die Stube im ersten Stock ist wirklich winzig und karg möbliert. Der Federkiel im Tintenfaß zeugt von geistiger Arbeit; das Porträt Jean Pauls an der Wand zeigt den genialen Franken aus Wunsiedel, den es, abgesehen vom zeitweiligen Weimarer Exil, nie weit von der Heimat abgetrieben hat, mit leicht verklärtem Blick musenwärts, die Feder in der Hand. Wer das etwas idealisierte Bild genauer betrachtet, wird freilich den Zug von Alkoholismus, der das Gesicht zeichnet, nicht ganz übersehen können. So wie Ernst Theodor Amadeus Hoffmann die Delirien des Punsches liebte, begeisterte sich Jean Paul für seine phantastischen und tollen Gestalten in einer aus Wein und Bier geborenen Traumwelt. Die Rollwenzelei war Jean Pauls Eremitage.

Die wirkliche Eremitage liegt einige hundert Meter weiter am Ende der Königsallee. An dieser Stelle beschreibt der Rote Main in seinem Tal eine enge Schleife um einen Wald, den Markgraf Christian Ernst um 1660 als Tiergarten, also als komfortables Jagdrevier, hatte einrichten lassen. Ein Tiergarten reduzierte die Mühe, dem Wild stundenlang durch die Wildnis nachlaufen zu müssen, auf ein dem Herrscher zumutbares Maß - dank der umfriedenden Mauern und Zäune. 1669 kultivierte Christian Ernst den Park mit Hilfe eines Grotten- und Brunnenhauses. Es sah so aus, als habe die Natur hier eine Laune entwickelt. 45 Jahre später begeistert sich Markgraf Georg Wilhelm für die Idee der Einsiedelei.

Schloß Eremitage: Die noble Einsiedelei

Dieser durchaus luxuriöse Gedanke vom zeitweiligen Rückzug von den Herrscher- und Repräsentationspflichten war am Versailler Hof Ludwigs XIV. aufgekommen und hatte sich rasch über ganz Europa verbreitet. Ein Souverän, der sich diesen Exerzitien unterzog, mußte zwar nicht auf jeglichen Komfort verzichten, doch ein wenig herb sollte es in diesen noblen Einsiedeleien schon zugehen. Zumindest schlief man auf harten Holzbetten in schmucklosen Räumen, gelagert auf Stroh oder ähnlichem vegetarischem Pfühl, und für besonders warme Nächte gab es meist noch ein Holzhäuschen, in dem man nun wirklich leben konnte wie der Heilige auf seiner Säule.

Hofbaumeister Räntz also mußte 1715-18 oben auf dem Berg des Tiergartens um einen Innenhof eine klösterliche Architektur errichten, die aussehen sollte, als sei sie geradewegs aus dem Fels gehauen und beherberge besonders asketische Heilige. Ein wenig Fassade durfte natürlich sein, und so kommt es, daß das Alte Schloß der Eremitage zu St. Johannis - so der Name des benachbarten Ortsteils - immer noch repräsentativer ist als die meisten heutigen Prunkvillen der Superreichen. Drinnen freilich geht es wirklich karg zu; abgesehen von den Museumsbeständen, den wunderbaren Bildern von Antoine Pesne beispielsweise, wären die Räume nach heutigen Gesichtspunkten als weitgehend unvermietbar zu bezeichnen.

Irgendwie gefiel dieser Platz dann auch der Markgräfin Wilhelmine (1709-1758). Zunächst ließ sie das Alte Schloß um zwei Flügel erweitern. Das war 1736, und schon damals bestand sie, wie später auch beim Bayreuther Neuen Schloß, auf einem Japanischen Zimmer, auf einem Spiegelkabinett mit Chinoiserien von Johann Christian Jucht und selbstverständlich auf einem Musikzimmer. Mit der Einsiedelei nahm sie's nicht ganz so ernst; Schloß Eremitage wurde im Gegenteil ein Ort der Geselligkeit und der Künste, und Antoine Pesne mußte für das Musikzimmer die besten Freundinnen der Markgräfin porträtieren, um deren Anwesenheit auch während kurzer Abwesenheiten zu garantieren. Die temperamentvolle Wilhelmine brachte also Leben in diese fürstliche Klausnerei - später auch theatralisches Leben. Park und Schloß Eremitage erscheinen heute wie eine einzige Hollywood-Kulisse, und wer hier über die gepflegten Wege schlendert, erlebt, wenn er sein Auge zur Kamera macht, eine überraschende und bezaubernde Szene nach der anderen.

Was der Besucher, der am Parkplatz ausgestiegen ist, zuerst wahrnimmt, ist ohnehin das Neue Schloß Eremitage. Wenn die Sonne scheint, glänzt einem dieses halbkreisförmige Ensemble entgegen wie ein Traumbild. Das Gold des apollinischen Sonnenwagens über dem Mittelpavillon, die abertausend hochfarbigen Steine aus Glasfluß an den Wänden, die blendenden Büsten über den Pfeilern der Arkaden bewirken den Eindruck des vollkommen Unwirklichen. Das Neue Schloß wurde 1749-53 von Saint-Pierre erbaut. Die halbkreisförmigen Arkaden mit ihren Doppelsäulen verleihen dem zweckfreien Prachtbau eine Leichtigkeit wie nicht von dieser Welt. Hinter den Arkadenumgängen ist in der Tat nicht mehr allzu viel umbauter Raum. Das Ganze ist reine Theaterkulisse und als ständiger Wohnsitz denkbar ungeeignet. Die Wände, über und über mit Inkrustation bedeckt, wirken auf zehn, fünfzehn Meter Abstand wie der Einfall eines französischen Impressionisten aus der Schule der Pointillisten.

Jeglicher Solidität scheint hier abgeschworen, so daß das Neue Schloß als das gerade Gegenteil vom felsenfesten ursprünglichen, alten Eremitage-Bau erscheint. Das Ensemble, dessen Mitte, wie gesagt, von einem südwärts gelagerten Sonnentempel markiert wird, umschließt ein weitläufiges Bassin, in dem insgesamt achtundfünfzig Fontänen aus Füllhörnern, Fabeltieren, Tritonen und Nymphen aufsteigen.

Dem Lauf des Wassers zu folgen, lohnt allemal. Denn dabei gelangt man an verschiedenen Grotten und Bassins vorbei zur sogenannten Unteren Grotte, wo erneut zahllose Delphine, Tritonen und Nymphen mit dem Wasser spielen - hier sprüht es, wenn denn zu den regelmäßigen Zeiten das ganze Wassertheater in Gang gesetzt wird, aus den Wänden rings um das Bassin, und man tut, wenn man davon überrascht wird, gut daran, erst einmal in eine der gemauerten Höhlen zu flüchten.

Das Pendant zur Unteren Grotte ist die Obere Grotte im Alten Schloß der Eremitage - hier hatte sich der regierende Markgraf zum besonderen Vergnügen eine Art Sprinkler-Anlage installieren lassen, die es ihm erlaubte, gelegentlich mit seinen Gästen einen Scherz zu treiben. Der Museumsbedienstete stellt diesen Scherz heute mit stoischem Gleichmut an, freilich nicht ohne den Besucher vorher gebeten zu haben, von der Kante zurückzutreten...

Vom Alten Schloß geht es nordostwärts über einen kurzen Weg zu zwei weiteren Einfällen der Markgräfin. Der eine betrifft das korinthische Grabmal für ihren Lieblingshund Folichon - Wilhelmine hielt, nachdem sie später eher misanthropisch geworden war, Tiere für die wahren Menschen; der andere stellt sich als ein ruinöses Römisches Theater dar, in dessen Soffitten der barocke tragische Held den Tod suchte und wo inzwischen alljährlich zur Festspielzeit eine autochthone Spielschar aus Halbprofessionellen vor einem begrenzten Publikum Freilichttheater aufführt. Hier mußte der arme Voltaire auftreten, als er die Markgräfin besuchte; Wilhelmine zwang ihn, mit ihr zusammen in Racines Tragödie *Bajazet* zu spielen.

Der Historiker, der sich der Regierungszeit des Markgrafen Friedrich und seiner Gattin Wilhelmine annimmt, wird nicht umhin können festzustellen, daß die Fürstlichkeiten angesichts der wenig ersprießlichen ökonomischen Lage des Ländchens reichlich über die Verhältnisse gelebt haben. Die Realitätsferne der Markgräfin könnte einen erschüttern, wären da nicht auf der anderen Seite ihre postum veröffentlichten Memoiren, in denen sie schonungslos ihre Umgebung und ihre Zeitgenossen beschreibt. Eines zumindest kann man ihr kaum vorwerfen: daß sie keine Phantasie gehabt habe. Ihre überbordende Emotion brach noch in Inschriften wie der über dem Römischen Theater durch: *Albertine de Marviz mieux Gravée dans mon coeur que sur la Pierre W.* Da verkündet sie öffentlich ihre tiefe Freundschaft zu Albertine von der Marwitz. Das Theater selbst war als Denkmal der Freundschaft gedacht, zugleich in seiner ruinösen Architektur als Symbol der Vergänglichkeit alles Irdischen und ganz praktisch für Opernaufführungen unter freiem Himmel geplant.

Weihergängige Schlachtschiffe

Daß man in Bayreuth auch in der Zeit vor Friedrich und Wilhelmine mit der Realität seine Probleme hatte, davon zeugen einige seltsame, der christlichen Seefahrt zuzuordnende Exponate im Bayreuther Stadtmuseum sowie solche Bezeichnungen wie »Matrosengasse« oder »Inselstraße« in Bayreuth St. Georgen. Da gab es nämlich zu Beginn des 18. Jahrhunderts einen Brandenburger Weiher auf der Rückseite des Markgräflichen Lustschlosses, und auf diesem Weiher ließ der Markgraf Georg Wilhelm Seeschlachten toben. Bisweilen verkleidete er sich als Korsar und nahm, selbstverständlich stets siegreich, an der begrenzten Seekriegsführung teil. Die Bayreuther Kriegsmarine verfügte über weihergängige Schlachtschiffe mit so phantastischen Namen wie *Neptun* oder *St. Georg*.

Wer von der Eremitage in St. Johannis bis Sankt Georgen gekommen ist - dort wurde im 18. Jahrhundert eine Fayence-Manufaktur installiert - der hat schon den halben Weg zur sogenannten »Musenscheune« hinter sich gebracht, wie das Festspielhaus im Jargon etwas despektierlich genannt wird. Und er ist nun wirklich voll von jenem Geist des Theatralischen, der diese Stadt bis in den letzten Winkel auszufüllen scheint. Übrigens: Beinahe wäre dies schon der ganze Weg gewesen. Denn ursprünglich war für Wagners Festspielhaus eben das theatralisch so erheblich vorbelastete St. Georgen in Aussicht genommen worden. Die Umgebung wäre so übel nicht gewesen. Da war immerhin das 1725 angelegte Lustschloß, das Markgraf Georg Wilhelm am 1509 bewässerten Brandenburger Weiher hatte errichten lassen - auch dies eine Art Eremitage, freilich der mehr akademischen Art. Die architektonische Lustbarkeit wurde als sogenanntes Ordensschloß konzipiert, also in der Tradition des Deutschen Ordens, einer Rittergemeinschaft, die, so wie Templer und Malteser, das ritterliche mit dem mönchischen Ideal zu verbinden suchte. Georg Wilhelm hatte seinen persönlichen Orden *de la sincérité* selbst gestiftet, und daß dies immerhin kein ausschließlich theatralisches Unternehmen war, geht aus der Tatsache hervor, daß aus jener Ritterschaft später der preußische Rote Adler Orden wurde und damit eine der höchsten Auszeichnungen, die im Königreich Preußen zu vergeben waren. Das dreigeschossige Schloß ist denn auch über und über versehen mit Symbolen der Ritterschaft. Heute dient das Gebäude einem weniger erlauchten Zweck. Es ist Haftanstalt, und der ehemalige Saal des Ordenskapitels wurde zur katholischen Gefängniskapelle.

Wenige hundert Meter vom Georg Wilhelm'schen Ordensschloß entfernt liegt inmitten eines barocken Stadtensembles von niedrigen Steinhäusern die Sophien- oder Ordenskirche, in den Jahren 1705 bis 1711 vom damaligen Erbprinzen Georg Wilhelm errichtet. Baumeister war Gottfried von Gedeler. Am Turmbau war Johann David Räntz beteiligt, der schon das Ordensschloß erbaut hatte. Von der Familie Räntz führen übrigens direkte Verbindungen zum Berliner Baumeister Andreas Schlüter.

In der Ordenskirche fallen unter anderem die Deckengemälde von Gabriel Schreyer auf, dem auch die Apotheose des Ordens *de la sincérité* an der Decke des großen Saales im Ordensschloß zugeschrieben wird, sowie der Kanzelaltar und der Orgelprospekt mit den Skulpturen von Elias Räntz.

In diesem Ambiente, das von Georg Wilhelm als barocke Einheit von adeligem Stand und Gewerbe planmäßig konzipiert worden war - hier wurde, wie gesagt, die Fayence-Manufaktur errichtet - sollte zuerst jenes Theater entstehen, das Richard Wagner als Nationalbühne der Deutschen vorgesehen hatte, nachdem seine Pläne, ein solches Haus in München bauen zu lassen, am politischen Widerstand in der bayerischen Hauptstadt gescheitert waren.

Der Weg zum Festspielhaus

Was Wagner bewog, zunächst einen Bauplatz in St. Georgen in Erwägung zu ziehen und auf diesem sehr energisch zu beharren, als sich herausstellte, daß einer der Eigentümer partout nicht verkaufen wollte, ist im einzelnen heute nicht mehr ganz zu klären. Gewiß wird eine

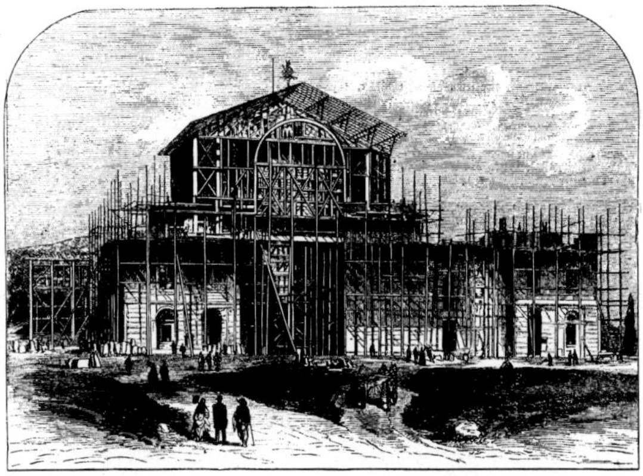

Nach dem Richtfest des »Wagnertheaters« im August 1873 drohte das Vorhaben aus Geldnot zu scheitern. Erst im Februar 1874 ließ sich Wagners Freund, König Ludwig II. von Bayern, zu einem Bürgschaftsdarlehen von 300 000 Mark bewegen, um die Fertigstellung zu sichern: »Nein, nein und wieder nein! So soll es nicht enden! Es muß geholfen werden! Es darf Unser Plan nicht scheitern!«

Rolle gespielt haben, daß sich, wie profan auch immer, in diesem St. Georgen jener Geist der Ritterorden niedergeschlagen hatte, den er in seinem damals schon geplanten und weitgehend konzipierten Bühnenweihfestspiel *Parsifal* auf romantische Weise neu zu beschwören gedachte und dessen Utopie in einem nicht mehr ausgeführten Werk *Die Sieger* hätte Theaterwirklichkeit werden sollen, in einem Werk, von dem wir heute wenig wissen und das offenkundig jenes johanneische Priesterkönigtum hätte feiern sollen, von dem der mittelalterliche Dichter Albrecht von Scharffenberg, ein Nachfolger Wolframs von Eschenbach, andeutungsweise berichtet. Der Standort St. Georgen mag also tatsächlich für Wagner von einer gewissen Bedeutung gewesen sein. Jedenfalls ließ er die Bayreuther Delegation mit Bürgermeister Muncker an der Spitze, die Wagner im schweizerischen Tribschen aufsuchte, um ihm einen alternativen Bauplatz vorzuschlagen, zunächst einmal sehr ungnädig abblitzen. Erst als diese kleine Abordnung, statt in Luzern den Zug zu nehmen, noch einmal vom Bahnhof umkehrte, um Wagner zu einer Sinnesänderung zu bewegen, willigte der verstimmte Komponist ein, und die Katastrophe konnte ihren Lauf nehmen.

In der Tat erwies sich der Bau des Festspielhauses als eine fulminante Katastrophe. Richard Wagner war auf Bayreuth ursprünglich des Markgräflichen Opernhauses wegen verfallen, das sich aber für seine Pläne als ungeeignet erwies. Ansonsten hatte er die Stadt von einer Reise aus dem Jahr 1836 als lieblich in Erinnerung – da mag freilich das Gedächtnis nachträglich beim Diktieren der Memoiren ein wenig beschönigt haben. Der Komponist hatte in erster Linie an München gedacht und an ein nationales Theater, das Gottfried Semper im großen Stil ausführen sollte. Eine Reformbühne sollte das sein, wo sich die fundamentalen theatralischen Ideen Wagners würden verwirklichen lassen, nämlich die Wiederbelebung der antiken Tragödie aus dem Geist der deutschen Mythenwelt. Benötigt wurde eine Art Amphitheater, in dessen Mittelpunkt das Wort, also die Wagner'sche Dichtung, stehen sollte, während der Orchesterklang als diffuses Mysterium Spielstätte und Zuschauer einhüllen und in eine tönende Seelenlandschaft betten sollte.

Die Münchner Pläne scheiterten, und sogar das Festspielhaus in Bayreuth, so wie es sich jetzt darbietet, darf nur als Provisorium gelten. Es sollte Wagners Werken solange dienen, bis ein wirkliches Nationaltheater an seiner Stelle würde errichtet werden können.

Der provisorische Charakter ist denn auch, vergleicht man die »Musenscheune« und ihr unverkennbares Brauerei-Image mit anderen Theaterbauten der 1870er Jahre, kaum zu leugnen. Die Konstruktion besteht aus einem Fachwerk, das mit Ziegelsteinen ausgefüllt ist; zwischen 1961 und 1973 wurde das hölzerne Fachwerk übrigens durch Betonbalken ersetzt.

Immerhin war der Bauplatz fast auf der Höhe des Bürgerreuth und dadurch an einer die Stadt weithin überragenden Stelle so übel wiederum nicht - konnten doch dadurch Generationen von Wagnerianern »hügelan wallen«, wie der geläufige Ausdruck in den Reihen der Gemeinde lautet. Selbst der distanzierte heutige Besucher wird sich des Eindrucks kaum erwehren können, daß auch er »wallt«, denn der vorgelagerte Park vermittelt eine so wirksame Atmosphäre des Friedens, daß sogar der Autofahrer, der die so oft gemalte und noch mehr fotografierte »Auffahrt« wählt, den Fuß vom Gaspedal nimmt. Längst heißt die Anhöhe »Grüner Hügel« nach dem Schweizer Exil Wagners, und irgendwie liegt das Festspielhaus auch wirklich im Grünen, umgeben von Park, Wald und Wiesen - auf den letzteren werden zur Festspielzeit provisorische Parkplätze angelegt, die bei feuchter Witterung den Damen in ihren Pumps das Gefühl einer gewissen Bodenständigkeit vermitteln.

Wie kam diese eigentümliche Institution eines gottverlassenen Reformtheaters mitten in der deutschen Provinz überhaupt zustande? Da lohnt es sich, bei Richard Wagner nachzulesen. Der schrieb 1873: »Es dünkt mich nun an der Zeit, die nötigen Vorbereitungen zur Ausführung meines Unternehmens zu treffen. Bereits im Frühjahr 1871 hatte ich das hierfür von mir erwählte Bayreuth still und unbemerkt für meinen Zweck in Augenschein genommen: Das berühmte markgräfliche Opernhaus zu benutzen, war beim Gewahrwerden seiner inneren Konstruktion zwar sofort von mir aufgegeben worden; dennoch hatten die Eigentümlichkeit und die Lage der freundlichen Stadt selbst meinen Wünschen entsprochen, so daß ich jetzt im winterlichen Spätherbst desselben Jahres meinen Besuch daselbst wiederholte, diesmal aber, um mit den bürgerlichen Behörden Bayreuths selbst in unmittelbaren Verkehr zu treten...

Ein unvergleichlich schönes und ausgiebiges Grundstück, unweit der Stadt selbst, ward mir zum Zweck der Errichtung des von mir gedachten Theaters geschenkt. Nachdem ich über die Konstruktion desselben mit einem im Fach der inneren Einrichtung von Theatern ausgezeichnet erfahrenen und als erfindungsreich bewährten Mann mich verständigt hatte, konnten wir einem des Theaterbaus ebenfalls kundigen Architekten den weiteren Entwurf und die Ausführung des provisorischen Gebäudes übertragen; und trotz großer Schwierigkeiten, welche die Ordnung des ganzen so ungewohnt sich darstellenden Geschäftes mit sich führte, gelangten wir so weit, für den 22. Mai des Jahres 1872 unseren Freunden und Patronen die Grundsteinlegung des Bauwerks anzukündigen.«

Bei dieser Grundsteinlegung dirigierte Richard Wagner übrigens Beethovens 9. Symphonie. Und in den Grundstein verpackte er auch einen selbstverfaßten Vers:

Hier schließ' ich ein Geheimnis ein,
da ruh'es viele hundert Jahr':
so lange es verwahrt der Stein,
macht es der Welt sich offenbar.

Diese einigermaßen kryptischen Zeilen sind übrigens tatsächlich aus jenem Denken in Paradoxien geboren, wie es im Umkreis der Bruderschaften, Ritterorden und auch des Maurertums geübt wird. Auch hier ein Hinweis auf Wagners Präferenz für den Stadtteil St. Georgen. Nebenbei: im Bayreuther Stadtkern, unweit der Villa Wahnfried, befindet sich das deutsche Freimaurer-Museum.

Das Festspielhaus selbst besticht durch seine einfachen und stimmigen Proportionen. Es ist in der Tat aufs Schlichteste gemauert. Ein amphitheatralischer Zuschauerraum geht in den Bühnenraum über; Bühne und Auditorium sind, wie beim antiken Theater, in eins genommen.

Gigantischer Schuldenberg

Das alles ging auf Wagners eigene Ideen und auf Pläne des bedeutenden Architekten Gottfried Semper (1803 - 1879) zurück, der ja beide Dresdner Opernhäuser und die Dresdner Zwingergalerie errichtet hatte. Ausführender Architekt wurde Otto Brückwald. Beide, Wagner wie Semper, hatten seinerzeit in Dresden gewirkt und im Gefolge der Revolution von 1848, die sie beide auch energisch unterstützt hatten, das Königreich Sachsen verlassen müssen. Das Theater, das sie zuerst für München, dann für Bayreuth planten, sollte ein demokratisches sein und ein Theater ohne Fürstenlogen - erst später wurde dem Bayreuther Festspielhaus jener sogenannte Königsbau angefügt, in dem sich nun doch wieder, wenn auch dezent gehalten, die alten Fürstenlogen befinden.

In Richard Wagners Notiz von 1873 ist übrigens von den »Patronen« die Rede und damit von jenen Patronatsvereinen, die zum Bau des Festspielhauses gegründet worden waren. Über die sogenannten Patronatsscheine sollte das Geld für diesen Bau aufgebracht werden, wobei die Vereinsmitglieder dann in den Genuß der Vorstellungen kommen sollten.

Indes flossen die Gelder nicht wie erwartet. Schon beim Richtfest waren die Finanzen so knapp, daß man kaum an eine Fortführung des Baus und damit an ein Zustandekommen der Festspiele denken konnte. Ein Aufruf im ganzen Lande erbrachte ganze sechs Taler, gestiftet von sechs Studenten der Göttinger Unversität. Bei der Eröffnung des Theaters wie der Festspiele am 25. Juli 1876 hatte Wagner jedenfalls Schulden in Höhe von 160 000 Mark – eine gigantische Summe für eine Zeit, in der 10 000 Goldmark bereits ein Vermögen darstellten.

Das Reformtheater setzte sich auch keineswegs sofort durch. Zwar war beim Beginn der Festspiele allerlei europäische Prominenz zugegen – darunter auch Komponisten wie der Wagner-Gegner Camille Saint-Saens oder Peter Tschaikowsky, der über die Uraufführung des *Ring des Nibelungen* sehr differenziert, wenngleich nicht gerade enthusiastisch nach Rußland berichtete, während er den Begleitumständen des Festivals, der Zimmerknappheit, der Enge in den Gasthäusern, dem provinziellen Zuschnitt der Bayreuther Bürger, kaum Positives abgewinnen konnte. Aber das Projekt selbst schien vorerst gescheitert, und erst die Uraufführung des *Parsifal* 1882 wendete das Schicksal dieser Idee endgültig zum Guten.

Kein anderes Werk läßt freilich auch die Besonderheiten dieses Theaterbaus so unmittelbar vor Auge und Ohr treten, wie gerade der *Parsifal*, den Richard Wagner für das Festspielhaus komponierte und den er auch für zwei Jahrzehnte diesem vorbehalten wissen wollte. Denn anders als ein normales Opernhaus verfügt das Bayreuther Festspielhaus nicht über einen herkömmlichen, Bühne und Zuschauerraum weit trennenden Orchestergraben. Der Raum, der für das Orchester vorgesehen ist, wird nur zum Teil von einem Zwischenraum zwischen Auditorium und Bühne gebildet. Der größere Teil, der den Bläsern vorbehalten ist, zieht sich schalltrichterförmig unter dem Bühnenboden hin. Von dort trifft der Schall gegen einen Schalldeckel am Anfang des Zuschauerraums, wird zur Bühne hin reflektiert und flutet nach doppelter Brechung diffus durch das ganze Theater. Wagner realisierte also radikal seine Idee, das gesungene Wort in den Mittelpunkt des Bühnengeschehens zu rücken und den Orchesterklang das Drama quasi einhüllen zu lassen. Wagnerianer reden vom »mystischen Graben« und meinen damit ein sehr genau und klug kalkuliertes akustisches Phänomen. Die Akustik des Zuschauerraums ist durch das reichlich verwendete, stucküberzogene oder auch nur gestrichene Holz von einer unübertroffenen Klarheit und Wärme des Klangbilds, und noch bis zum Ende der sechziger Jahre verharrten die Festspielbesucher vier oder fünf Stunden lang auf asketischen Rohrgeflechtstühlen. Erst danach wurde ein sperrhölzernes Gestühl besorgt, das nicht mehr so ausgiebig mitmusizierte wie die betagten Original-Sitze, und in den achtziger Jahren begann die Festspielleitung sukzessive, dem steigenden Komfortbedürfnis durch eine hauchdünne Polsterauflage nachzukommen.

Festspiele sind Stadtfeste

Alte Darstellungen zeigen das Festspielhaus noch als einen freistehenden Bau, den eine eigentümliche Aura der Autonomie umgab. In der zweiten Hälfte des 20. Jahrhunderts mußten die beiden Festspielleiter, die Wagner-Enkel Wieland und Wolfgang, freilich zunehmend den Anfordernissen eines modernen Theaterbetriebs Rechnung tragen, und nach dem Tod Wieland Wagners im Jahr 1966 hat Wolfgang Wagner, der seit 1976 auch an der Spitze der Richard-Wagner-Stiftung steht, die bereits ausgeführten Proben- und Kantinengebäude um zusätzliche Anbauten erweitert.

Inzwischen macht der Komplex des Festspielhauses unbeschadet der Tatsache, daß der Theaterbau nach wie vor eher einer Brauerei ähnelt als einer Oper, den Eindruck eines Kulturzentrums mit diversen Versorgungseinrichtungen – unter anderem einem reichlich noblen Restaurant, das zur Festspielzeit von einem führenden deutschen Hotelkonzern bewirtschaftet wird –, und überhaupt spielt sich, ganz entsprechend dem Geist dieser Stadt, zur Festspielzeit das Theater nicht nur auf der Bühne, sondern in der ganzen Stadt ab.

Da promeniert man über die Straßen und läßt sich sehen, man reserviert rechtzeitig seinen Tisch im Restaurant *Weihenstephan*, das in den letzten zwanzig Jahren mehr und mehr zum Künstlertreff avancierte, oder geht auch in die traditionelle *Eule* in der Altstadt, wo zuvor die Stars residierten. Und aus jedem Schaufenster springen einem die Reklameflächen der Schallplattenindustrie entgegen, blicken starr die in Pose kolorierten Stars, werden Wagner-Utensilien, Partituren, Taktstöcke ausgelegt. Nur Wagner-Kugeln gibt es noch nicht... Ein Zuckerschlecken ist es kaum, die viereinhalb Stunden *Götterdämmerung* oder *Parsifal* auf unbequemen Stühlen in der oft unerträglichen Hitze des Festspielhauses durchzustehen. Bayreuth ist eine Stadt, bei der nicht nur An- und Abreise dem Besucher einiges abverlangt.

Geschaffen wurden die Bayreuther Festspiele von ihrem Gründer Richard Wagner, um dessen großen vierteiligen Musikdramen-Zyklus *Der Ring des Nibelungen* alljährlich einem großen Publikum vor Augen und Ohren führen zu können. In diesem Zyklus, der wesentlich von der Gedankenwelt des Philosophen Arthur Schopenhauer beeinflußt ist, geht es nur vordergründig um eine Wiederbelebung der germanischen Sagenwelt, der Welt der alten Götter um Wotan und Donar und der Helden Siegfried und Hagen von Tronje; tatsächlich schuf Wagner, sich in seiner Sprache an den Stabreim des mittelhochdeutschen Nibelungenliedes anleh-

Die Namen der Wagner-Enkel Wieland (links) und Wolfgang stehen für die Epoche des »Neu-Bayreuth«, die 1951 mit der Wiedereröffnung der Festspiele in der frühen Nachkriegszeit begann.

nend, eine Tetralogie über die Antinomie von Macht und Liebe, von Geld und Eros. Diese Tetralogie, bei deren Aufführung Wagners Vorstellung zufolge das Wort nach dem Vorbild der antiken griechischen Tragödie im Mittelpunkt des Geschehens stehen sollte, während die Musik die psychologischen Prozesse quasi allgegenwärtig in den Raum zu projizieren hatte, sollte einem Publikum aus allen Schichten zugänglich sein. Die ursprüngliche Idee Wagners war, daß die Festspiele keinerlei Eintritt kosten sollten. Der Komponist wandte sich mit seinem Werk also nicht an das traditionelle Opernpublikum, sondern wollte Theater für die ganze Nation schaffen – es wurden von Beginn an immerhin europäische Festspiele. Nur mit dem freien Eintritt hat es angesichts der außerordentlich hohen Kosten der Produktionen nie geklappt. Sechs Jahre nach der Uraufführung des *Ring des Nibelungen* kam als ein weiteres für die Festspiele konzipiertes Werk das von Wagner so bezeichnete Bühnenweihfestspiel *Parsifal* heraus - es war zugleich Wagners letztes Opus. Ein Jahr darauf, 1883, starb er in Venedig.

Auftakt zu Neu-Bayreuth: Billetts im Rotationsverfahren

Die Festspiele blieben fast ein Jahrhundert lang unter der Leitung der Nachkommen Wagners, erst seines Sohnes Siegfried und dessen Frau Winifred, dann unter der Führung seiner Enkel Wieland und Wolfgang. Wolfgang Wagner hat auch heute, da die Bayreuther Festspiele unter staatliche Obhut genommen sind, die Direktion des Festivals.

Hatte Wagner selbst nie daran gedacht, auch andere seiner Werke außer dem *Ring des Nibelungen* und dem *Parsifal* in Bayreuth aufführen zu lassen, so änderte sich das unter seinen Nachfolgern. Heute wird das gesamte Oeuvre vom *Fliegenden Holländer* an regelmäßig aufgeführt, wobei die einen Monat dauernden Festspiele – sie beginnen immer Ende Juli und enden in den letzten Augusttagen – jeweils immer nur etwa die Hälfte des Gesamtwerks bewältigen können. Das Frühwerk bis hin zu *Rienzi* wurde in Bayreuth noch nie aufgeführt.

Die Bayreuther Produktionen zeichnen sich seit Beginn der Festspiele im Jahr 1876 durch eine besonders intensive Regiearbeit aus. Berühmt wurden die Inszenierungen des Wagner-Enkels Wieland in den fünfziger und sechziger Jahren, vor allem seine *Tristan-und-Isolde*--Inszenierung mit der schwedischen Sängerin Birgit Nilsson und dem deutschen Tenor Wolfgang Windgassen.

In den siebziger Jahren prägten die Regisseure Götz Friedrich und Patrice Chéreau das Bild des sogenannten Neu-Bayreuth - so werden die Festspiele ab 1951 genannt -, in den achtziger Jahren wurde vor allem der Regisseur Harry Kupfer stilbildend für das Festival. Selbstverständlich haben im Laufe von mehr als hundert Jahren zahlreiche bedeutende Dirigenten in Bayreuth gewirkt, darunter auch die Antipoden Arturo Toscanini und Wilhelm Furtwängler. In den letzten Jahren hat vor allem der israelische Dirigent Daniel Barenboim das musikalische Bild des Festivals geprägt.

Rund 56 000 Karten hat das Festival pro Jahr zu vergeben. Und Jahr für Jahr belaufen sich die Kartenwünsche aus aller Welt auf etwa das Sechsfache. So wurde ein ausgeklügeltes System entwickelt, bei dem nach einem Rotationsverfahren Interessenten, die jahrelang Kartenwünsche äußern, auch eine Chance haben, eines Tages in den Besitz des begehrten Billetts zu kommen.

Ist es dann soweit, erlebt man die Festspiele bisweilen immer noch so wie der russische Komponist Peter Tschaikowsky, der 1876 aus Bayreuth berichtete:

»Hier werden alte Bekanntschaften erneuert und neue angeknüpft; Klagen über die mangelhafte Verpflegung mischen sich mit Besprechungen der gestrigen und Fragen über die bevorstehende Aufführung. Punkt vier Uhr erschallt eine laute Fanfare. Die ganze Menge strömt ins Theater. Fünf Minuten später haben schon alle ihre Plätze eingenommen. Von neuem ertönt ein Trompetenstoß, die laute Unterhaltung verstummt, die Gaslampen verlöschen plötzlich, das ganze Theater liegt in tiefster Dunkelheit, und aus dem in der Vertiefung sitzenden unsichtbaren Orchester ertönen die schönen Klänge des Vorspiels. Der Vorhang wird auseinandergeschoben und die Vorstellung beginnt...«

In der Tat: Diese Stadt Bayreuth ist ein Theater für sich.

Das berühmteste Wagner-Porträt schuf der Malerfürst Franz von Lenbach 1871, im Jahr des Entschlusses, ein Festspielhaus zu bauen. Richard Wagner (1813-83) befand sich in seinem achtundfünfzigsten Lebensjahr.

Von Bayreuth nehmen die »Wagnerianer« in der Regel nur den »Grünen Hügel« wahr.
Grün ist er, weil das Festival in den Sommermonaten Juli und August stattfindet. Das Theatergebäude, das wie eh und je einer Brauerei gleicht, ist immer wieder den Erfordernissen moderner Bühnentechnik und den wachsenden Ansprüchen eines internationalen Künstlerensembles, aber auch eines ebensolchen Publikums angepaßt worden. Doch von all dem werden auf dem Luftbild nur die Um-, An- und Zubauten sichtbar, die ein Vergleich mit dem historischen Modell der mit Fähnchen bestückten »Musenscheune« von 1888 verdeutlicht.

Dabeisein ist auch hier alles. Neben dem Kunstgenuß. Und so verweilt man noch einige Momente, wenn die »Fanfare« mit Motiven des kommenden Aktes nach der Pause zurück in den Saal ruft. Auf die schnöden Klingelzeichen darf das Wagnerpublikum verzichten - und sie würden es in der weitverstreuten Theatergastronomie eh nicht erreichen. In einer Saison, die rund fünf Wochen dauert, »wallen« rund 56 000 glückliche Kartenbesitzer den Grünen Hügel hinauf - wobei die Kartenwünsche aus aller Welt das Sechsfache betragen. Die Festspiele reüssierten längst zu einem bedeutenden Wirtschaftsfaktor in der Region. Doch vor allem waren und sind sie der

Höhepunkt des Wagner-Jahres. Die Bayreuther Produktionen zeichneten sich vom Beginn an durch intensive Regieleistungen aus. Berühmt wurden die Inszenierungen des Gründer-Enkels Wieland Wagner, legendär geradezu die von »Tristan und Isolde« aus den sechziger Jahren: Die folgende Doppelseite (Seite 26/27) zeigt eine Szene aus dem III. Akt im Bühnenbild des Regisseurs; in den Titelrollen Wolfgang Windgassen und Birgit Nilsson, am Pult Karl Böhm. – Seit dem Tode Wieland Wagners 1966 hat sein Bruder Wolfgang die Direktion der Bayreuther Festspiele, die heute unter staatlicher Obhut stehen, allein inne.

Ikonen des Erneuerungswillens: »Siegfried« von Patrice Chéreau (auf der vorhergehenden Doppelseite) und »Das Rheingold« von Harry Kupfer (rechts). Die Epoche der radikalen Neudeutung begann in den siebziger Jahren mit dem »Jahrhundert-Ring« von Patrice Chéreau und Pierre Boulez. Ihr »Siegfried« setzte 1976 ein kraftvolles innovatives Beispiel (das Bühnenbild schuf Richard Peduzzi, die Kostüme Jacques Schmidt). Das Foto zeigt eine Szene aus dem III. Akt. Wie alles Neue, so forderte auch diese Inszenierung den Widerspruch der eingefleischten Wagnerianer heraus. Heute freilich gehört sie bereits zur Geschichte des Festivals, und zwar zu den allgemein anerkannten Glanzpunkten. - Neuestes Neu-Bayreuth wird durch Inszenierungen gekennzeichnet, wie sie der junge Harry Kupfer mit nahezu futuristischen Erscheinungen auf die Bühne bringt. Rechts eine Szene aus »Rheingold«, 1. Bild (Bühnenbild Hans Schavernoch, Kostüme Reinhard Heinrich), von 1988. Die musikalische Leitung lag bei Daniel Barenboim, der die Tradition der prägenden Dirigenten - von Arturo Toscanini bis zu Wilhelm Furtwängler und Karl Böhm - fortzuführen trachtet.

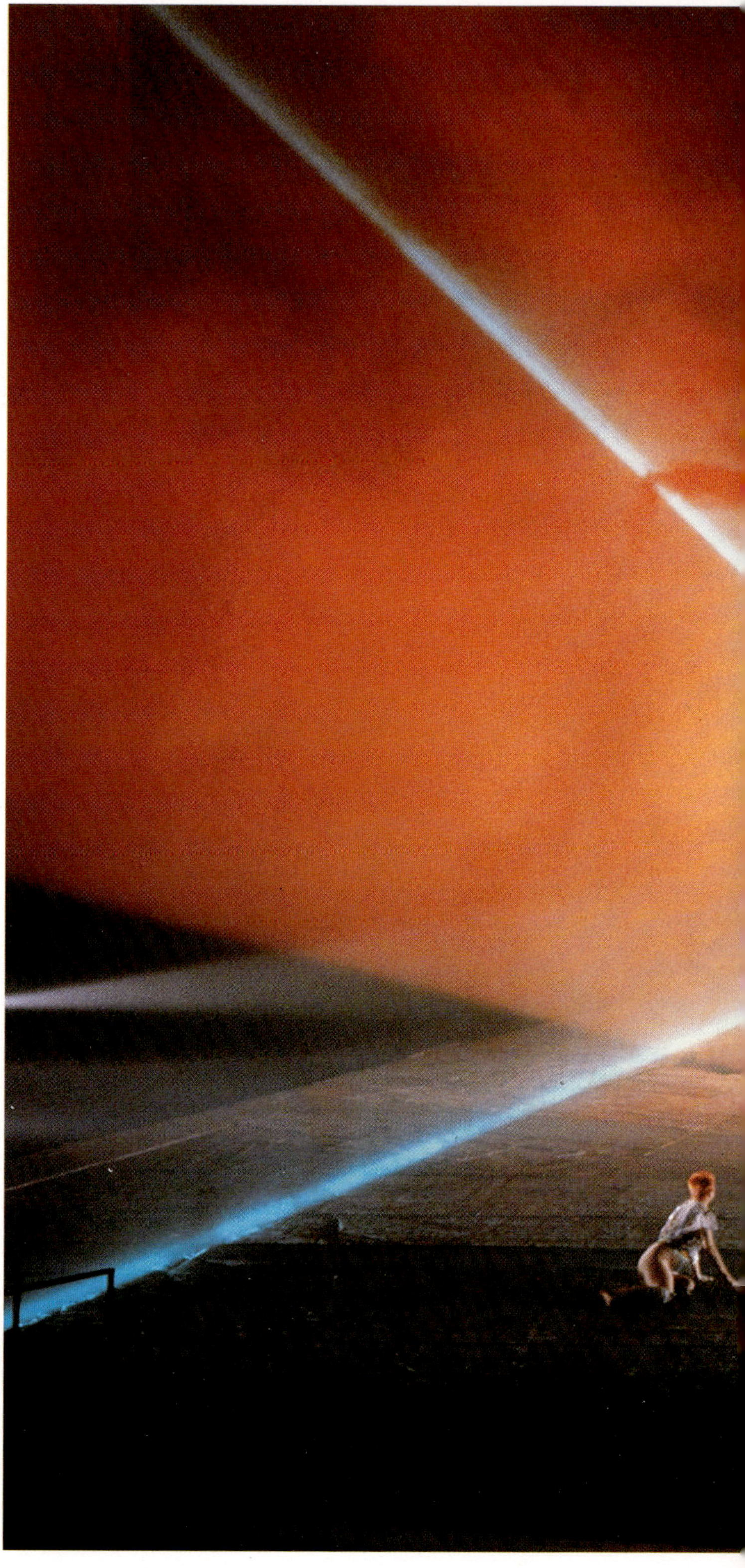

»Dich, teure Halle, grüß' ich wieder...«. Bei Licht besehen, ein Theater wie jedes zweite. Aber wie die schlichteste Schachtel das kostbarste Schmuckstück bergen kann, so enthüllt sich in diesem Raum das Faszinosium des »Rheingolds« oder des Grals. Thomas Mann bekannte »wunderbare Stunden tiefen, einsamen Glücks inmitten der Theatermenge, Stunden voller Schauer und kurzer Seligkeiten, voll von Wonnen der Nerven und des Intellekts...« Das alles kann das Gesamtkunstwerk Wagner-Oper bewirken. Und Ausgangspunkt der Schauer und Wonnen ist die Partitur.

Das Notenblatt mit dem Schluß der »Götterdämmerung« trägt am unteren Rand Richard Wagners Notiz: »Vollendet in Wahnfried... Ich sage nichts weiter!!« Datiert am 21. November 1874. Es war das Jahr des Einzugs in die Villa Wahnfried.

»Hier, wo mein Wähnen Frieden fand - Wahnfried - sei dieses Haus von mir benannt.« So hat Richard Wagner am 21. Mai 1874 selbst den Hausspruch entworfen, der auf drei Tafeln aufgeteilt wurde, mit dem Namen über dem Hauptportal. Das Sgraffito-Gemälde germanischer Mythologie schuf Robert Krausse nach einer Anregung Cosimas. Der Wunsch nach einem Pavillon des Bayreuther Schlosses als Ruhesitz war vom König Ludwig II. nicht erfüllt worden, und so entstand die Idee zur eigenen Villa. Wagner entwarf das Gebäude in den Grundzügen selbst. Mit der Detailplanung betraute er den prominenten Berliner Architekten Wilhelm Neumann, der das damals modische Erscheinungsbild im Stil der Neurenaissance bestimmte. Die Ludwigbüste von Kaspar Zumbusch steht aus gutem Grund im Vorgarten: Der königliche Freund förderte Wahnfried mit 75 000 Mark.

WAHNFRIED

Pompejanische Farben, keltisches Flechtwerk im Nibelungenfries, klassische Wucht. Indes, man hat schon weniger maßvollen Historismus gesehen. Für das Interieur von Halle und Saal beziehungsweise Salon/Bibliothek zeichnete der Münchner Bildhauer Lorenz Gedon verantwortlich. Die den Eingang zum Saal flankierenden Büsten Cosimas und Wagners stammen von dem Bildhauer G.A. Kietz, die Statuetten von C.D. Zumbusch. Wahnfried beeinflußte die sich im 19. Jahrhundert entwickelnde Gattung der Künstler-Villa - einer Verbindung von Wohn- und Arbeitsstätte, das heißt, es muß in einem gewissen Grad als Vorbild gegolten haben.

Heute, da das Gebäude nach dem beträchtlichen Bombenschaden zwar gefühlvoll, aber doch vollständig rekonstruiert worden ist und da es als Richard-Wagner-Museum mit einer Überfülle an Exponaten dient, kann der Besucher unmöglich Wagner-Atmosphäre verspüren. Es sei denn, er überläßt sich im Salon seiner Musik: Seltene, meisterliche Einspielungen tragen entscheidend zu den Eindrücken bei. Insofern verdient das »Klingende Museum« unsterblicher Stimmen uneingeschränkten Beifall.

Empfang bei Wagners (oben links), der sich dann freilich zu einem Solo-Auftritt des Schwiegervaters entwickelt: am Flügel Franz Liszt, ein in seiner Zeit bewunderter Komponist und Virtuose. Liszt war der erste, der Wagners Genie erkannte. Auf ein Bittschreiben um Geld antwortete Liszt: »Fahre fort, über mich zu verfügen...« Auch nach dem Geständnis seiner verheirateten Tochter Cosima, sie unterhalte eine Beziehung zu Wagner, überwand Liszt die Verstimmung und hielt dem Freund die Treue. »Außerordentliche Menschen muß man nicht mit dem gewöhnlichen Maßstab messen«, schrieb er einmal, und zu diesen Menschen muß man ihn auch rechnen. Das Gemälde von Papperitz aus dem Jahr 1882 vermittelt den Eindruck eines einträchtigen Beisammenseins der Familie mit Künstlern der Festspiele.
Die wohnliche Atmosphäre des Salons veranschaulicht das Aquarell von Susanne Schinkel (links unten).
Der Flügel (rechts), das Prunkstück des Raumes, der auch heute Konzerten dient, ist ein Geschenk von Steinway & Sons zu den Festspielen 1876 - es ist der auf dem Papperitz-Gemälde.

Die Besucher des Richard-Wagner-Museums sind, das setze man voraus, auch Freunde des Wagner-Oeuvres, zu dem schier untrennbar auch die Festspiele zählen. Und so geht man den Ereignissen auf dem Rundgang nach, den rauschenden Premieren wie den niederschmetternden Skandalen, man denke nur an »Tannhäuser« in Paris 1861. Hier wird der heimisch, der hinter die Kulissen des Wagner-Kultus blicken will, denn all die unendlichen Verbindungen zwischen Kunst und Klatsch, Forschung und Unterstellung, Läuterung und Unlauterkeit finden hier unendliche Nahrung. Und wo das Hehre nicht mehr fesselt, bestrickt der Kitsch. Das Wagner-Museum ist nicht nur ein Pantheon der epochalen künstlerischen Leistungen, es ist auch bewußt ein Kuriositätenkabinett. Zwei Beispiele aus der Menge: links die Kostümpuppen »Holländer und Senta« in einem Raum namens »Kindersaal«; rechts die Festwiese der »Meistersinger«-Inszenierung von 1888 im Gründerstil, ein Bühnenbildmodell im schummrigen Untergeschoß.

Im Haus Wahnfried, der Gedenkstätte, ist auch die letzte dort entstandene Fotografie Richard Wagners von 1881 zu sehen (oben rechts). Cosima, Heinrich von Stein (der Hauslehrer des Sohnes), der Maler Paul von Joukowsky und die Bülow-Töchter Daniela und Blandine leisten dem Meister Gesellschaft. Es ist ein Bild der Ruhe. Die indes war nicht von Dauer. Das widrige Wetter Oberfrankens bereitete dem Patron Verdruß, und häufig schien es so, als hätte es sich mit der Finanzmisere der Festspiele verbündet. Da war der Winter in Italien erträglicher. 1882 vollendete er in Palermo den »Parsifal«, der noch im selben Jahr in Bayreuth uraufgeführt wurde. Erschöpft reiste er zur Erholung nach Venedig, wo er am 13. Februar 1883 verschied. Das Sterbesofa aus dem Palazzo Vendramin präsentiert man heute pietätvoll in Haus Wahnfried (rechts unten). Ein besonderer »verklärter« Raum ist dem König Ludwig II. gewidmet (großes Bild), dessen »Krämerei« immerhin den »Ring des Nibelungen«, den »Parsifal« und schließlich auch die Bayreuther Festspiele insgesamt ermöglichte.

Zu einer wahrhaften Pilgerstätte gehört das Grab des Verehrten. Richard Wagner und seine Frau Cosima ruhen gemeinsam unter einem flachen Stein im Garten an der Rückseite von Wahnfried, wie sie es wünschten. Der einzige Schmuck sind wilder Efeu und ein gelegentliches Angebinde, falls es nicht Jubiläen zu begehen gilt. Kein Gedenkstein, auch das war ihr Wunsch. An das Grundstück grenzt der Hofgarten des Neuen Schloßes. Und so ist es in der stillen, festspielfreien Zeit in der Tat der Ort, wo Wagners Wähnen Frieden fand. Aber er war zu keiner Zeit vergessen. So urteilt der amerikanische Musikkritiker Harold C. Schonberg: »Nach seinem Tod – in Wirklichkeit bereits nach den ersten Bayreuther Festspielen von 1876 – prägte Wagners Musik das geistige Leben ganz Europas.«

Bayreuth, die ehemalige Residenz der Markgrafen von Brandenburg-Bayreuth, wurde nicht zufällig die zeitweilige Residenz Richard Wagners. Nachdem seine Pläne, in München von Gottfried Semper mit König Ludwigs II. Hilfe ein monumentales Festspielhaus errichten zu lassen, gescheitert waren, begann er sich ernstlich für die Markgräfliche Hofoper zu interessieren. Hinter der schönen, keineswegs übertriebenen Rokoko-Fassade verbirgt sich die seinerzeit größte Bühne Deutschlands - nicht als Theater das größte, aber als Bühnenhaus. Doch es zeigte sich bald, daß die gigantische Tiefe von 34 Metern Wagners Raumvorstellungen nicht genügen konnte...

...Und doch besitzt die Markgräfliche Hofoper ihren festen Platz in der Geschichte der Bayreuther Wagner-Festspiele. Von ihrem ersten Tag an: Auf dieser anmutigen Bühne dirigierte der Maestro selbst nach der Grundsteinlegung auf dem Grünen Hügel am 22. Mai 1872 die »Neunte« von Beethoven. Im Publikum saß Nietzsche. Die Bühne vermochte die Menge des Chores kaum zu fassen. Aber sie war ja auch für eine andere Epoche konzipiert. Bauherrin war niemand Geringeres als die Lieblingsschwester Friedrich des Großen, Friederike Wilhelmine Sophie (1709-58), die den jungen Markgraf Friedrich »den Vielgeliebten« (reg. 1735-63) ehelichte. »Dieser Tage habe ich das neue Opernhaus besichtigt«, berichtete Wilhelmine im Mai 1748 ihrem Bruder, »ich war hocherfreut darüber... Bibiena hat in diesem Theater die Quintessenz des italienischen und französischen Stiles vereinigt.« Hofarchitekt war Joseph Saint-Pierre, das Bayreuther Opernhaus entstand in den Jahren 1745-48.

Über der bekrönten Fürstenloge schweben Putti mit einer Kartusche, deren Inschrift den markgräflichen Herrschaften wie dem Ausstattungskünstler huldigt: »Pro Frederico et Sophia / Josephus Gallus Bibiena Fecit«. Sophia war Wilhelmine. Bibiena gehörte zu einer Bologneser Familie, die nicht nur das Teatro Comunale ihrer Heimatstadt erbaute, sondern an fast allen Höfen Europas die Bühnen in italienischer Üppigkeit barock ausstattete. Giuseppe Galli Bibiena, der lange am Wiener Hof tätig gewesen war, nahm nach kurzem Aufenthalt schon 1747 Abschied von Bayreuth und wandte sich Dresden zu. Sein Sohn Carlo indes führte die Entwürfe der Bibiena 1748 aus. Wilhelmine war eine kunstbesessene Frau. Sie komponierte auf der Höhe ihrer Zeit. Und der Besuch Friedrich des Großen, ihres Bruders, wurde 1754 mit der Aufführung eines Stückes, »L'Uomo«, festlich begangen, das sie im Geiste Voltaires verfaßte. Dieses Ereignis gilt als ein Glanzpunkt in der Geschichte des Hoftheaters, das unter dem Schutze Apolls und der neun Musen (Deckengemälde von Johann Benjamin Müller) die Zeiten überdauerte.

PRO FRIEDERICO ET SOPHIA
IOSEPHUS GALLUS BIBIENA FECIT.
AÑO DOMI MDCCXLVIII.

Der Fürst ist selbst der gute Quell, aus dem nach den vier Erdteilen die Flüsse Main, Naab, Saale, Eger fließen.« Das verkündet die lateinische Inschrift am Brunnen (rechts) des »Türkensiegers« Markgraf Christian Ernst von Brandenburg-Bayreuth (1655-1712). Als kaiserlicher Feldmarschall war er zu Ruhm und Ansehen gelangt und sah sich im Mittelpunkt der Welt. Der Brunnen vor dem Neuen Schloß soll auf einen Entwurf von Leonhard Dientzenhofer zurückgehen. Der Hofbildhauer Elias Räntz schuf mit dieser Sandsteinfigur (um 1705) sein Hauptwerk. Das Neue Schloß

verdankt seine Entstehung dem Brand des Alten Schlosses im Stadtkern (1753), das man aus Pietät nicht abreissen wollte, jedoch auch nicht vollständig rekonstruieren mochte. Es dient heute, beschirmt von dem Bayernkönig Maximilian II., Verwaltungszwecken (kleines Foto). Der Geschmack hatte sich geändert, Versailles war Vorbild. Und so entstand auf dem Gelände der Reit- und Rennbahn durch das Um- und Zusammenbauen vorhandener Gebäude ein vergleichsweise bescheidenes Versailles (Seite 54-57). Die preußische Prinzessin Wilhelmine war die treibende Kraft.

Reisen nach Frankreich und Italien vermittelten dem Markgrafenpaar Eindrücke, die sich in der Anlage und Ausstattung des Neuen Schlosses auswirkten. »Ich war wie ein Blinder, der allmählich sehen lernt und dadurch zu neuen Anschauungen kommt«, schrieb Wilhelmine aus Rom. Sie war dort dem Kardinal Albani, dem großen Kenner der Antike, begegnet, und Raphael Mengs, der die Malerei aus dem Geist der Antike und Renaissance zu erneuern trachtete. Das Neue zeigte sich in Bayreuth zunächst in einer Abwendung vom Rokoko. Das Bayreuther Rokoko entwickelte sich vergleichbar dem Friderizianischen bereits zum

Klassizismus hin. Der Architekt Carl Philipp von Gontard, der das Fürstenpaar begleitet hatte, baute in der Residenz Stadtvillen und das »Italienische Schlößchen« mit klassizistischen Vorwegnahmen.
Das Porträt der Markgräfin schuf Antoine Pesne 1738/40, es hängt im Audienzzimmer mit dem »Thron« in der Suite des Markgrafen (großes Foto). An der Rückwand des Baldachins erinnert der Wirkteppich mit dem »F« an den Bauherrn und Fürsten Friedrich von Bayreuth. Der Blick durch die Tür fällt ins Gobelinzimmer mit sechs Wirkteppichen (um 1730) zu Ovids »Metamorphosen«, französischer oder englischer Herkunft.

Als Beispiele hoheitlichen Wohnens präsentieren sich das »Dritte Gobelinzimmer« im Flügel der Wilhelmine sowie das »Palmenzimmer« im Markgrafenflügel. Die Porträtbüste des Markgrafen Friedrich, »des Vielgeliebten«, schuf wahrscheinlich J.B. Pedrozzi (Stuck, um 1755). Die Wirkteppiche stammen aus der flandrischen Manufaktur Jan Frans van der Hecke (um 1700). Die Nußbaumkommode mit vergoldeten Bronzebeschlägen ist fränkischen Ursprungs. Als eine Delikatesse der Raumausstattung darf das »Palmenzimmer« (rechts) betrachtet werden, es zählt zu den originellsten Kreationen des Bayreuther Rokoko. Der Besucher erliegt der Illusion, er befinde sich in einem Palmenhain, über dem geflügelte goldene Drachen und andere Märchenvögel schweben. Die bemerkenswerten Arbeiten wurden von Bayreuther Hofhandwerkern und Künstlern ausgeführt. So fertigte Johann Spindler die Vertäfelung (Nußbaum) und den Parkettboden, F.I. Dorsch schuf die Schnitzereien, und Pedrozzi wahrscheinlich die Stukkaturen; die Lüster sind klassizistisch.

Die Sophien- oder Ordenskirche im Stadtteil St. Georgen diente dem Ritterorden »de la sincérité«, der von dem Markgrafen Georg Wilhelm von Brandenburg-Bayreuth gestiftet wurde. Als »Roter Adler Orden« ging er als eine der höchsten Auszeichnungen in die preußische Geschichte ein. Der Innenraum der Kirche, die von 1705-11 vom Baumeister Gottfried von Gedeler errichtet wurde, ist - obwohl sie keine kostbaren Einzelstücke aufweist - als unverändert überkommenes Ensemble höchst bemerkenswert. Die Deckenmalereien schuf Gabriel Schreyer. An den Emporen hängen die Wappenschilder der Ordensmitglieder. Das benachbarte Ordensschloß der barocken »Stadt vor der Stadt« dient heute als Gefängnis.

Eremitage aus der Vogelschau. Einen größeren Gegensatz kann man sich kaum vorstellen: unter dem roten Ziegeldach das 1715 als hermetische »Einsiedelei« begonnene und später erweiterte Alte Schloß und (links) die Obere Grotte mit dem Sonnentempel im Zentrum der geöffneten Flügel des Neuen Schlosses. Sie scheinen ein Bassin zu umfassen wie einen Smaragd. Die Einsiedelei ging aus dem Eremitenspiel des Bayreuther Hofes hervor. Man kleidete sich mönchisch, schlief in kalten Zellen. Markgraf Georg Wilhelm ließ sich indes die karge Speise in irdenem Geschirr von Hofdamen reichen. Architekt des Alten Schlosses war Johann David Räntz. Das Neue Schloß (Bauzeit 1749-53) gehört zur Gattung der Orangerie-Schlösser: mit ihm kulminierte und endete ihre Entwicklung auf deutschem Boden. Bauherrin war die Preußenprinzessin und Bayreuther Markgräfin Wilhelmine. Erinnerungen an Potsdam werden wach, an die Bogenschwünge der Kolonnaden von Sanssouci und dem Neuen Palais. Als Architekt standen ihr, die gerne selbst plante, die Architekten Saint-Pierre und von Gontard zur Seite. Es ist bemerkenswert, daß sich die beiden Schloßanlagen inmitten des weitläufigen Parks mit seinen zahlreichen Bauten völlig ignorieren. Der Rote Main umschließt das Gelände in einem generöser Dreiviertelbogen.

»Ich bin allein, wenn ich vergnügt sein will.« Markgraf Georg Wilhelm, der Bauherr von Eremitage, schien zumindest zeitweise nach seiner Devise zu verfahren. Den Hofstaat schickte er dann in den Wald, wo einige hölzerne Hütten den Kavalieren und Hofdamen zur Verfügung standen. Der Kontrast Marmorsaal - nackte Zelle schien einem Zeitgefühl zu entsprechen, das erst mit Rousseaus »Zurück zur Natur« seinen Sinn fand. Die Mauern der Hofanlage und des rückwärtigen Grottenbaus scheinen aus unbehauenen Quadern gefügt zu sein. Die »Armenzellen« befinden sich in dem rechten markgräflichen Flügel der altväterlichen Anlage, die den Eindruck erwecken wollte, als sei sie eine von »Felsen umgebene Ruine«. Und dennoch handelt es sich um ein fürstliches Schloß. Das Vestibül ist mit den Insignien eines Souveräns geschmückt. Der Orden des Roten Adlers (ursprünglich »de la sincérité«) ist das Leitmotiv der Dekoration. Das Deckengemälde, von Gabriel Schreyer, wie auch die Kartuschenmalereien feiern Apoll als Allegorie des absolutistischen Herrschers. Die farbige Stuckbüste des Bauherrn wird Elias Räntz zugeschrieben, sein Bildnis über dem Kamin entstand um 1720.

und ihres »Vielgeliebten« wurde die Ausstattung auf Eremitage feudaler. Die Markgräfin ließ Räume anbauen, die sie nach Geschmack gestaltete. Zu ihnen zählt ihr Audienzzimmer (der Gemahl besaß auch hier ein eigenes) in Blau und Gold. Das Deckengemälde, das bedeutendste im Alten Schloß, stellt den Auszug des Spartaner Ehepaares Chilonis und Kleombrotos aus dem sicheren Hort des Poseidon-Tempels dar (Ausschnitt). Es wurde 1740 von Stefano Torelli gemalt. Der Deckenstuck wird Carlo Doldini Bossi zugeschrieben. Das Gemälde an der linken Wand zeigt Königin Sophie Dorothea von Preußen, die Mutter der Markgräfin (Kopie nach Pesne, um 1735). Der Kronleuchter ist eine böhmische Arbeit (um 1745).

Das Bayreuther Rokoko charakterisiert sich durch die intensive, freilich auch dekorative Einbeziehung der Natur in den Wohnraum. So gibt es im Neuen Schloß Bayreuths Spalierzimmer, in denen die Wände, als wären sie immateriell, von blühenden Winden anscheinend durchdrungen werden. Das Vorzimmer des Markgrafen Friedrich im Schloß Eremitage bietet eine vergleichbare Anmutung, zumal in der Gegenüberstellung mit dem Naturwesen aus dem Park, das aus dem Blättervorhang hervortritt. Die handgemalte Wandbespannung wurde 1935 nach chinesischen Seidentapeten, die sich hier im Alten Schloß befanden (1741 erstmals erwähnt), erneuert.
Der geschnitzte, vergoldete Tisch mit der roten Marmorplatte stammt aus Bayreuth (um 1725/30), der Kronleuchter mit Kristallprismen aus Böhmen (um 1740).

Partiell vermittelt die Anordnung der Zimmer des Alten Schlosses den Eindruck des Labyrinthischen, ihr Charakter wirkt puppenstubenhaft, dann wieder grandios. Überraschende Dekorationen, wie die des Japanischen Zimmers (links oben), oder neue Inventionen, wie das beispiellose Spiegelscherben-Kabinett (links unten) – eine Verfall und Ruinen assoziierende Erfindung Wilhelmines – tragen zu diesem Verwirrspiel bei. Den Höhepunkt dessen bietet jedoch die Grotte, die mit ihren 200 »Sprüngen« (wasserspritzenden Düsen) nach allen denkbaren Registern mit den Besuchern Schabernack treibt. Die Hofgesellschaft amüsierte sich auf dem Balkon über das Schauspiel. Die Figurengruppen schuf Elias Räntz, die Stukkaturen wohl Domenico Cadenazzi.

Im Scheitel des halbkreisförmigen Neuen Schlosses steht der Sonnentempel. Die Kuppel krönt die Quadriga des Sonnengottes. Apoll ist die allegorische Gottheit des Absolutismus, wie sie selbst in den Schlössern der Fürstbistümer in Erscheinung trat. Die Anlage ist nach Norden ausgerichtet.
Bei Sonnenlicht umgibt die Quadriga eine Aureole, aus der sie hervorzuspringen und die Wasserschleier der Fontänen zu durchbrechen scheint. Sie ist eine Schöpfung des Jean Baptiste Pedrozzi. Auch die 43 silbernen Cäsarenbüsten an den Kolonnadensäulen sind sein Werk. Das Ensemble aus dem Kuppeloktogon und den beiden geschwungenen Flügelbauten wirkt feierlich, doch verschlossen. Ihre mit farbigen Glasflüssen und Bergkristallen dekorierten Fronten blitzen im Sonnenlicht, im Schatten wirken sie eher exotisch und melancholisch. Die Ausstattung zu Wohntrakten fand erst nach 1770 und nur teilweise statt.
Das Bassin der Oberen Grotte wird von heiteren Tritonengruppen, Delphinen und dergleichen Wasserwesen bevölkert, die mit 56 Sprüngen das Bild beleben. Sie wurden von Johann Gabriel Räntz und Johann Schnegg 1750-52 geschaffen.

Spiele des Lichts und der Schatten, auch sie gehören zum Programm. Und Überraschungen: Wer den Durchblick aus den Arkaden wagt, wird von den Hufen der Rösser bedroht, wer zum Sonnenrad in der Kuppel aufschaut, fühlt sich von den Putti ertappt. Denn auf den Säulen sind sie, die Zwerge, Riesen. Die Stukkaturen und Reliefs im Sonnentempel mit dem Leitmotiv »Apoll« stammen von Pedrozzi. Das Gegenthema zum Lichtgott bildete in der Ikonologie des Neuen Schlosses das Wasser. Wer vom großen Bassin der Oberen Grotte dem Wasserlauf folgt, wird zu dem flimmernden Nymphenbecken der Unteren Grotte geleitet (folgende Doppelseite). Von den mannigfaltigen Parkarchitekturen – von der Schneckenburg zur Drachenhöhle, dem Vogelhaus, zum Treillagenpavillon und dem Ruinentheater – ist die Untere Grotte das imposanteste Bauwerk. Insgesamt 25 Fontänen und 13 Spiegelwasser beleben, wie schon seit 1745, die magisch-mythische Szenerie. Die Bassinskulpturen schufen Johann David und Lorenz Räntz. Architekt war Joseph Saint-Pierre, die Idee des Waldquellzaubers wird der Markgräfin Wilhelmine zugeschrieben.

Inhalt

Fotos
Claudia Jeczawitz, Berlin.
Titel: »Markgräfliche Hofoper« von Wilhelm Rauh, Bayreuth.
Richard-Wagner-Museum, Bayreuth S. 5, 9, 11, 15, 19, 21, 22, 32, 38(2), 40, 41, 42(2).
Bayreuther Festspiele S. 26/27 (S. Lauterwasser), 28/29 (J.-M. Bottequin), 30/31 (W. Rauh), 32/33 (W.Rauh).
LB-Verlag Betram, München-Riem S. 22/23 (Reg. v. Obb. G 4/30926), 60/61 (Reg. v. Obb. G 4/30922), 74/75. Wilhelm Rauh, Bayreuth S. 24/25, 30/31, 53.
Oberfr. Ansichtskartenverlag Bayreuth S. 54.
Feuerpfeil Verlag (Birgit Köhler), Bayreuth S. 34/35, 48/49, 50, 51, 63, 68, 69, 70.
Innenaufnahmen der Schlösser und der Hofoper mit freundlicher Genehmigung der Bayer. Verwaltung der staatl. Schlösser, Gärten und Seen, München.